I0499815

www.ingramcontent.com/pod-product-compliance
Lightning Source LLC
Chambersburg PA
CBHW030646220526
45463CB00005B/1661
* 9 7 8 1 6 9 4 3 7 1 1 7 1 *